Impressum
Verlag: BABADADA GmbH, Nedderfeld 112 , 22529 Hamburg
Geschäftsführer / Verlagsleitung: Harald Hof
Druck: Books on Demand GmbH, In de Tarpen 42, 22848 Norderstedt

Imprint
Publisher: BABADADA GmbH, Nedderfeld 112 , 22529 Hamburg, Germany
Managing Director / Publishing direction: Harald Hof
Print: Books on Demand GmbH, In de Tarpen 42, 22848 Norderstedt, Germany

学校

de School

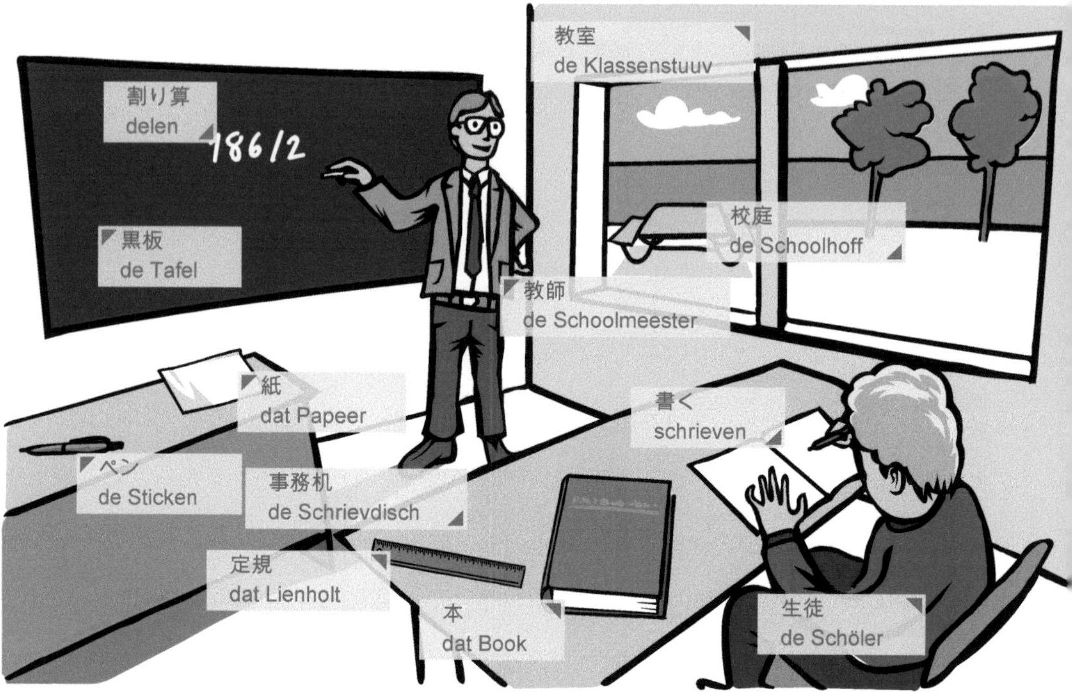

教室
de Klassenstuuv
割り算
delen
186/2
黒板
de Tafel
校庭
de Schoolhoff
教師
de Schoolmeester
紙
dat Papeer
書く
schrieven
ペン
de Sticken
事務机
de Schrievdisch
定規
dat Lienholt
本
dat Book
生徒
de Schöler

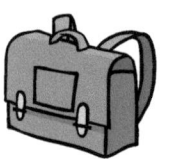

ランドセル

de Ranzel

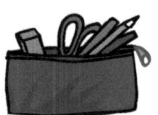

筆入れ

de Feddermapp

鉛筆

de Bleesticken

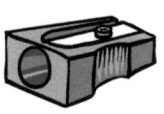

鉛筆削り

de Scharpmaker

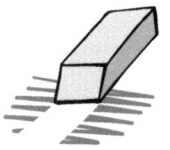

消しゴム

dat Radeergummi

スケッチブック

de Tekenblock

スケッチ
de Teken

絵筆
de Pinsel

絵の具箱
de Malkassen

はさみ
de Scheer

接着剤
de Klever

練習帳
dat Heft to'n Öven

宿題
de Huusopgaav

数
de Tall

足し算
tohooptellen

引き算
aftrecken

かけ算
malnehmen

計算する
reken

文字
de Bookstaav

アルファベット
dat ABC

単語
dat Woort

テキスト

de Text

読む

lesen

チョーク

de Kried

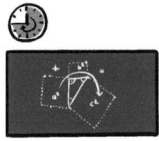

授業

de Stunn

学級日誌

dat Klassenbook

試験

de Pröven

通知表

dat Tüügnis

制服

de Schooluniform

教育

de Utbillen

百科事典

dat Nakieksel

大学

de Universität

顕微鏡

dat Mikroskop

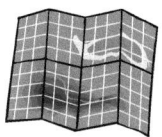

地図

de Koort

ごみ箱

de Papeerkorf

旅行
de Törn

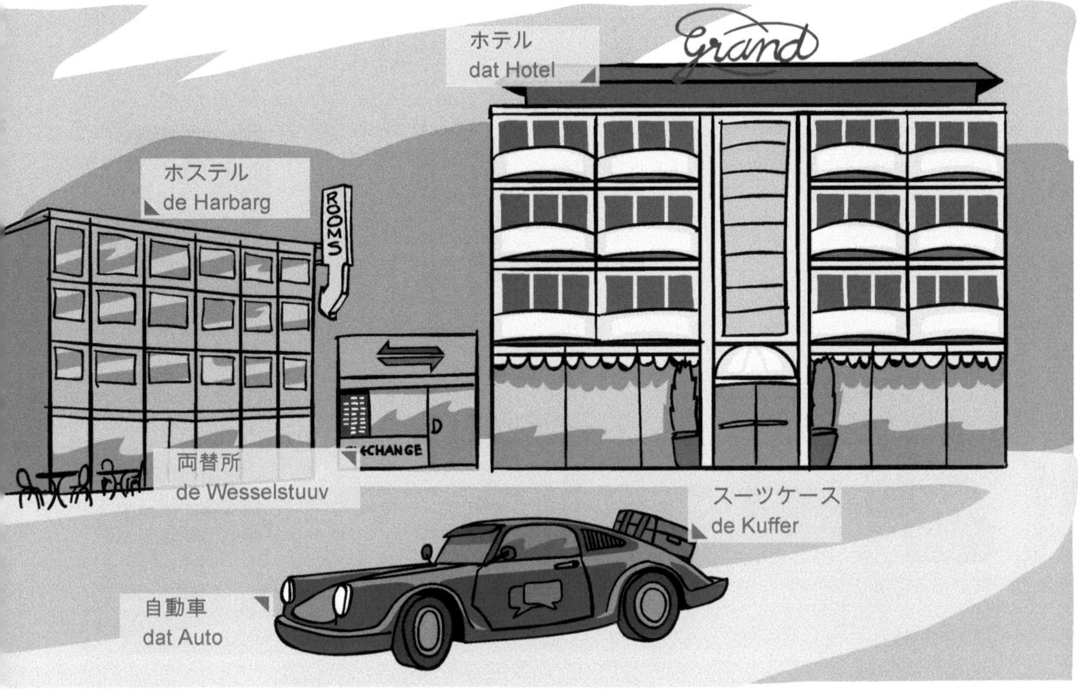
ホテル
dat Hotel
Grand
ホステル
de Harbarg
ROOMS
EXCHANGE
両替所
de Wesselstuuv
スーツケース
de Kuffer
自動車
dat Auto

言語

de Spraak

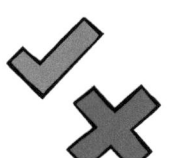

はい / いいえ

jo / ne

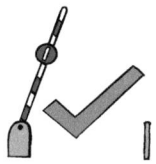

問題ない

Jo

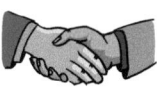

ハロー

Moin

翻訳者

de Översetter

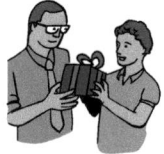

ありがとう

Dank ok

...はいくらですか？

Wat kost...?

わかりません

Ik verstah nich

問題

dat Problem

こんばんは！

Goden Avend

おはようございます！

Moin!

おやすみなさい！

Gode Nacht!

さようなら

Tschüüs

方向

de Richt

手荷物

de Bagaasch

バッグ

de Tasch

リュックサック

de Rüchsack

お客様

de Gast

部屋

de Stuuv

寝袋

de Slaapsack

テント

dat Telt

旅行者情報

de Touristeninformatschoon

ビーチ

de Strand

クレジットカード

de Kreditkoort

朝食

dat Fröhstück

昼食

dat Meddageten

夕食

dat Avendeten

チケット

de Fohrkort

エレベーター

de Fohrstohl

スタンプ

de Breefmark

境界

de Grenz

税関

de Toll

大使館

de Bottschop

ビザ

dat Visum

パスポート

de Pass

輸送
de Transport

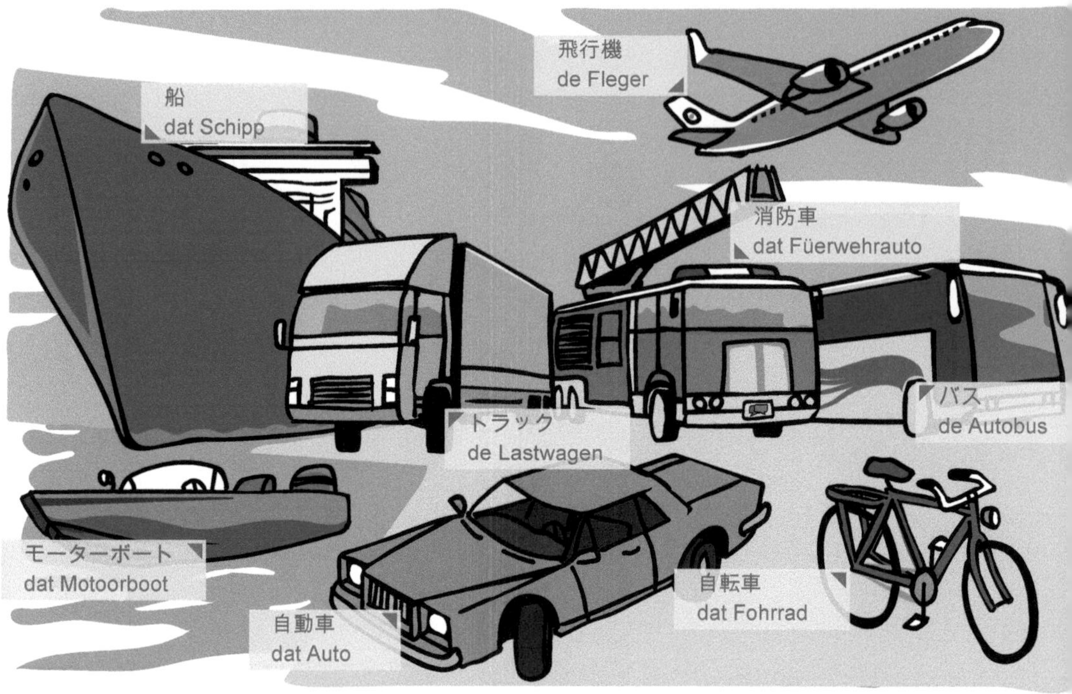

飛行機
de Fleger
船
dat Schipp
消防車
dat Füerwehrauto
バス
de Autobus
トラック
de Lastwagen
モーターボート
dat Motoorboot
自転車
dat Fohrrad
自動車
dat Auto

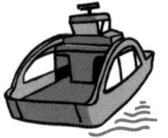

フェリー
de Fähr

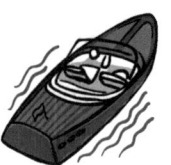

ボート
dat Boot

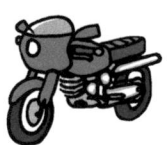

バイク
dat Motoorrad

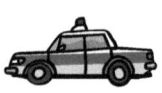

パトカー
dat Polizeiauto

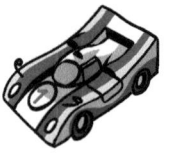

レーシングカー
dat Rönnauto

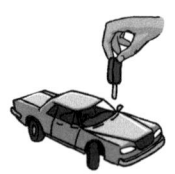

レンタカー
de Lehnwagen

カーシェアリング

dat Carsharing

レッカー車

de Afsleepwagen

ごみ収集車

dat Müllauto

モーター

de Motoor

燃料

de Kraftstoff

ガソリンスタンド

de Tanksteed

交通標識

dat Verkehrsschild

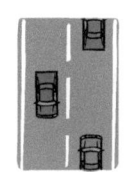

交通

de Verkehr

渋滞

de Stau

駐車場

de Afstellplatz

駅

de Bahnhoff

道

de Sporen

列車

de Tog

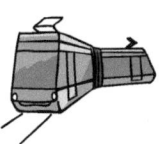

路面電車

de Stratenbahn

車両

de Wagon

ヘリコプター
de Dwarsmöhl

空港
de Flooghaven

タワー
de Tower

乗客
de Fohrgast

コンテナ
de Grootkist

段ボール箱
de Karton

カート
de Koor

カゴ
de Korf

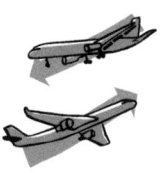

離陸 / 着陸
starten / lannen

都市
de Stadt

村
dat Dörp

都心
de Binnenstadt

家
dat Huus

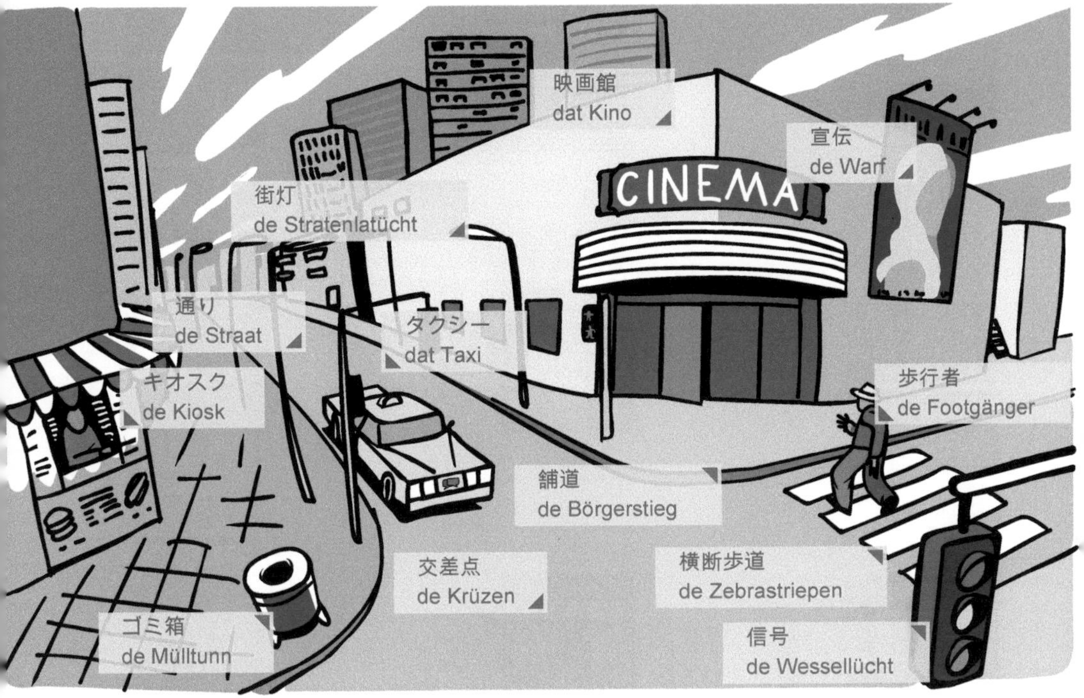

映画館 dat Kino

宣伝 de Warf

街灯 de Stratenlatücht

通り de Straat

タクシー dat Taxi

キオスク de Kiosk

歩行者 de Footgänger

舗道 de Börgerstieg

交差点 de Krüzen

横断歩道 de Zebrastriepen

ゴミ箱 de Mülltunn

信号 de Wessellücht

CINEMA

小屋
de Hütt

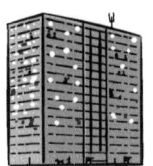

アパート
de Wahnung

駅
de Bahnhoff

市役所
dat Raathuus

美術館
dat Museum

学校
de School

大学
de Universität

銀行
de Bank

病院
dat Krankenhuus

ホテル
dat Hotel

薬局
de Afteek

オフィス
dat Büro

書店
de Bookhökerie

ショップ
de Hökerie

花屋
de Blomenhökerie

スーパーマーケット
de Supermarkt

市場
de Markt

デパート
dat Koophuus

魚屋
de Fischhökerie

ショッピングセンター
dat Inkoopszentrum

港
de Haven

公園
de Parkanlaag

ベンチ
de Bank

橋
de Brüch

階段
de Trepp

地下鉄
de Ünnergrundbahn

トンネル
de Tunnel

バス停
de Busstoppsteed

バー
de Bar

レストラン
dat Spieslokal

ポスト
de Breefkassen

道路標識
dat Stratenschild

パーキングメーター
de Parkklock

動物園
de Deertenpark

スイミングプール
de Baadanstalt

モスク
de Moschee

農場

de Buernhoff

汚染

de Ümweltversmudden

基地

de Karkhoff

教会

de Kark

遊び場

de Speelplatz

寺

de Tempel

風景

de Landschop

葉
dat Blatt

道標
de Wiespahl

道
de Weg

草地
de Wisch

石
de Steen

木
de Boom

ハイカー
de Wannerer

川
de Fluss

草
dat Gras

花
de Bloom

谷
dat Daal

山
de Barg

湖
de See

森
dat Holt

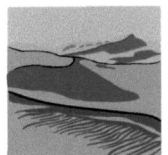

砂漠
de Wööst

火山
de Füerspien Barg

城
dat Slott

虹
de Regenbagen

キノコ
de Poggenstohl

ヤシの木
de Palm

蚊
de Steekmück

ハエ
de Fleeg

蟻
de Miegeemk

ミツバチ
de Imm

クモ
de Spinn

カブトムシ

de Sebber

蛙

de Pogg

リス

de Katteker

ハリネズミ

de Swienegel

ウサギ

de Haas

フクロウ

de Uul

鳥

de Vagel

白鳥

de Swaan

雄豚

dat Wildswien

鹿

de Hirsch

ヘラジカ

de Elk

ダム

de Staudamm

風力タービン

dat Windrad

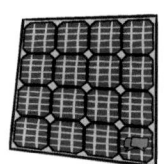

ソーラーパネル

dat Solarmodul

気候

dat Klima

レストラン
dat Spieslokal

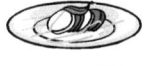

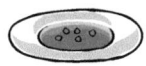

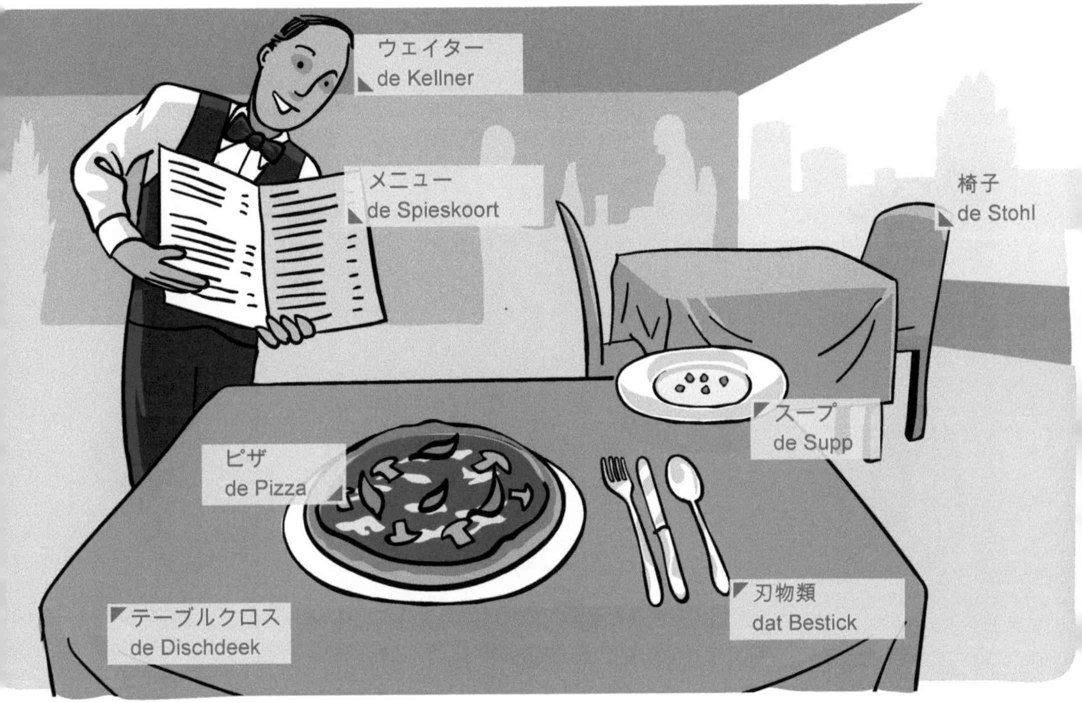

ウェイター
de Kellner
メニュー
de Spieskoort
椅子
de Stohl
スープ
de Supp
ピザ
de Pizza
刃物類
dat Bestick
テーブルクロス
de Dischdeek

前菜

de Vörspies

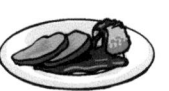

メインコース

dat Haupteten

デザート

de Nadisch

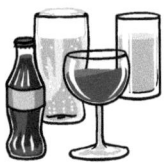

飲み物

de Drünk

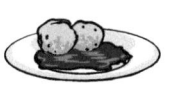

食べ物

dat Eten

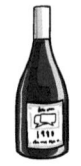

ボトル

de Buddel

ファストフード

dat Fastfood

屋台の食べ物

dat Strateneten

ティーポット

de Teekann

砂糖入れ

de Zuckerdoos

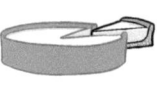

一人前

de Portschoon

エスプレッソマシン

de Espressomaschien

幼児用食事椅子

de Hoochstohl

請求書

de Reken

トレー

dat Tablett

ナイフ

dat Mess

フォーク

de Gavel

スプーン

de Lepel

ティースプーン

de Teelepel

ナプキン

dat Munddook

グラス

dat Glas

皿
de Töller

スープ皿
de Suppentöller

受け皿
de Ünnertass

ソース
de Sooß

塩入れ
de Soltstreuer

ペッパーミル
de Pepermöhl

酢
de Etig

油
dat Ööl

スパイス
de Krüder

ケチャップ
de Ketchup

マスタード
de Mostrich

マヨネーズ
de Mayonnaise

スーパーマーケット

de Supermarkt

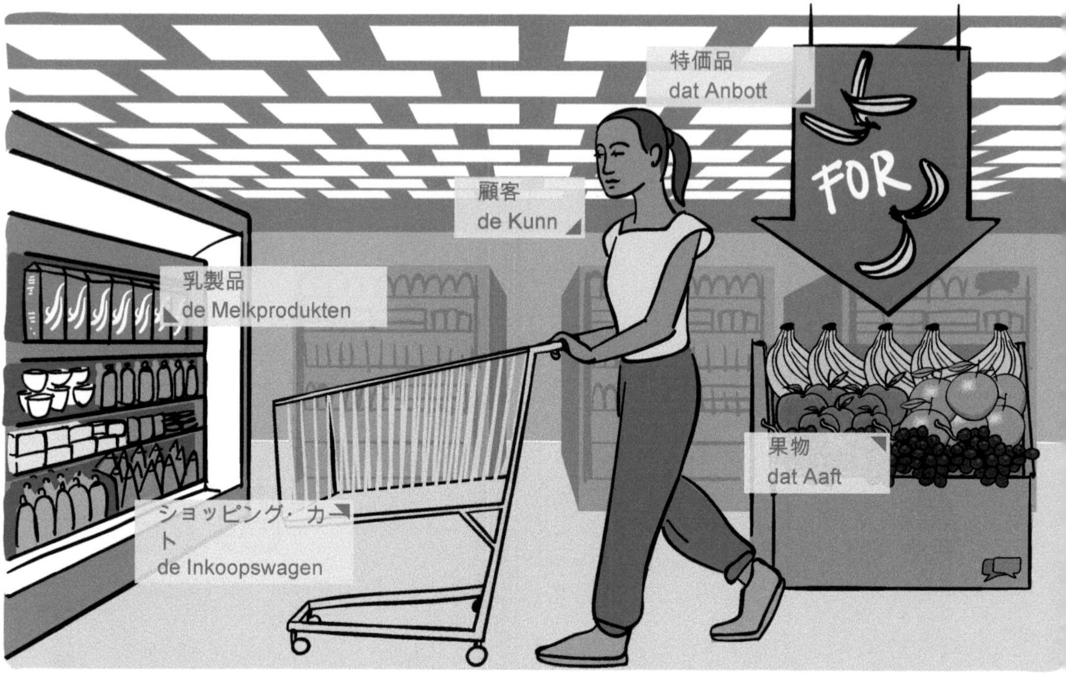

特価品
dat Anbott
FOR
顧客
de Kunn
乳製品
de Melkprodukten
果物
dat Aaft
ショッピング・カート
de Inkoopswagen

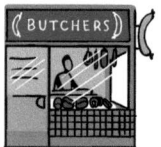

BUTCHERS

肉屋

de Slachterie

BAKERY

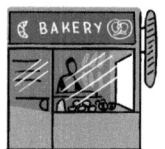

パン屋

de Bäckerie

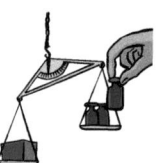

重さをはかる

wegen

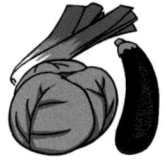

野菜

de Gröönsaken

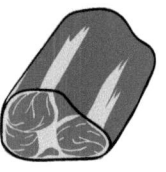

肉

dat Fleesch

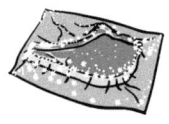

冷凍食品

de Deepköhlkost

冷肉の薄切り

de Opsnitt

缶詰食品

de Konserven

洗剤

de Waschmiddel

菓子

de Snoopkraam

家庭用品

de Huushooltssaken

清掃用品

de Reinmaaktüüch

販売員

de Verköpersche

現金箱

de Kass

レジ係

de Kasserer

買い物リスト

de Inkoopslist

開館時刻

de Opsparrtieden

財布

de Breeftasch

クレジットカード

de Kreditkoort

バッグ

de Tasch

ポリ袋

de Plastiktüüt

水
dat Water

ジュース
de Saft

牛乳
de Melk

コーラ
de Cola

ワイン
de Wien

ビール
dat Beer

アルコール
de Spriet

ココア
de Kakao

紅茶
de Tee

コーヒー
de Koffie

エスプレッソ
de Espresso

カプチーノ
de Cappucino

バナナ

de Banaan

リンゴ

de Appel

オレンジ

de Appelsien

メロン

de Meloon

レモン

de Zitroon

ニンジン

de Wöttel

ニンニク

de Knuuvlook

竹

de Bambus

玉ねぎ

de Zibbel

キノコ

de Poggenstohl

ナッツ

de Nööt

ヌードル

de Nudeln

スパゲッティ

de Spaghetti

米

de Ries

サラダ

de Salat

フライドポテト

de Pommes frites

フライドポテト

de Braadkantüffeln

ピザ

de Pizza

ハンバーガー

de Hamborger

サンドウィッチ

dat Sandwich

カツレツ

dat Snitzel

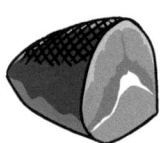

ハム

de Schinken

サラミ

de Salami

ソーセージ

de Wust

鶏肉

dat Hohn

焼き

de Braden

魚

de Fisch

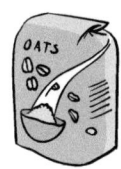

麦のお粥

de Haverflocken

ムーズリ

dat Müsli

コーンフレーク

de Cornflakes

小麦粉

dat Mehl

クロワッサン

de Croissant

ロールパン

dat Rundstück

パン

dat Broot

トースト

dat Toast

ビスケット

de Keksen

バター

de Botter

カッテージチーズ

de Quark

ケーキ

de Koken

卵

dat Ei

目玉焼き

dat Spegelei

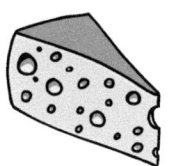

チーズ

de Kees

アイスクリーム

de Ies

砂糖

de Zucker

はちみつ

de Honnig

ジャム

de Marmelaad

ヌガークリーム

de Nougat-Creme

カレー

dat Curry

農場

de Buernhoff

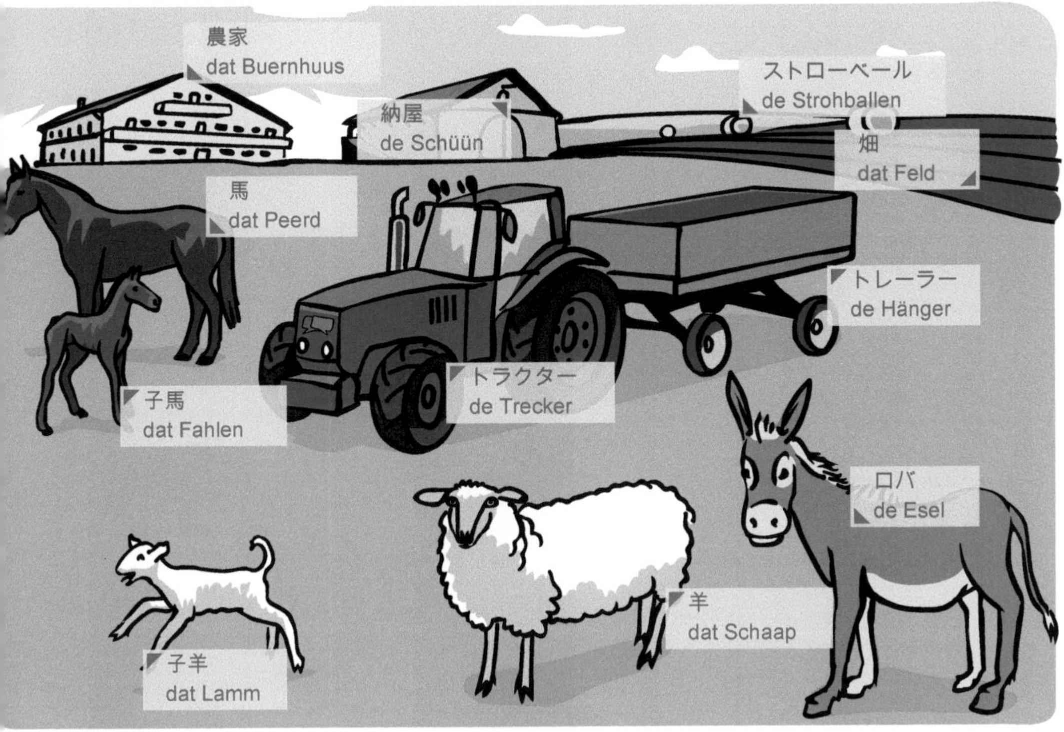

農家
dat Buernhuus
納屋
de Schüün
ストローベール
de Strohballen
畑
dat Feld
馬
dat Peerd
トレーラー
de Hänger
トラクター
de Trecker
子馬
dat Fahlen
ロバ
de Esel
羊
dat Schaap
子羊
dat Lamm

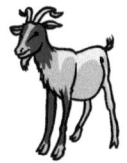

ヤギ

de Zeeg

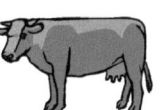

雌牛

de Koh

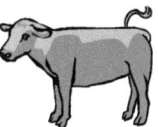

子牛

dat Kalf

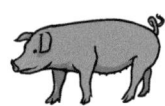

豚

dat Swien

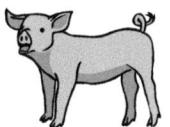

子豚

dat Farken

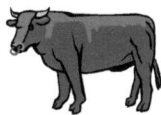

雄牛

de Bull

ガチョウ

de Goos

アヒル

de Aant

ひよこ

dat Küken

にわとり

dat Hohn

おんどり

de Hahn

ネズミ

de Rott

猫

de Katt

ねずみ

de Muus

雄牛

de Oss

犬

de Hund

犬小屋

de Hunnenhütt

散水ホース

de Goornslauch

じょうろ

de Geetkann

大鎌

de Lee

すき

de Ploog

草刈り鎌

de Sich

くわ

de Hack

堆肥用フォーク

de Mestfork

斧

de Ext

手押し車

de Schuufkoor

かいばおけ

de Trog

牛乳缶

de Melkkann

袋

de Sack

フェンス

de Tuun

畜舎

de Stall

温室

dat Drievhuus

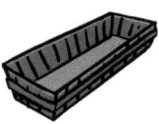

土壌

de Bodden

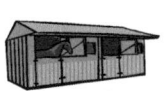

種

de Saat

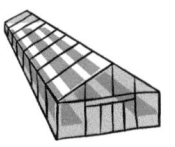

肥料

de Dünger

コンバイン

de Meihdöscher

収穫する
oornen

収穫
de Oorn

ヤマイモ
de Yamswöttel

小麦
de Weten

大豆
dat Soja

じゃがいも
de Kantüffel

トウモロコシ
de Törksche Weten

菜種
de Rapp

果樹
de Aaftboom

キャッサバ
de Troopsch Kantüffel

穀物
dat Koorn

dat Huus

煙突
de Schosteen

屋根
dat Dack

排水管
de Regenrönn

窓
dat Finster

車庫
de Garaasch

呼び鈴
de Döörklock

ドア
de Döör

ゴミ箱
de Müllemmer

郵便受け
de Breefkassen

庭
de Goorn

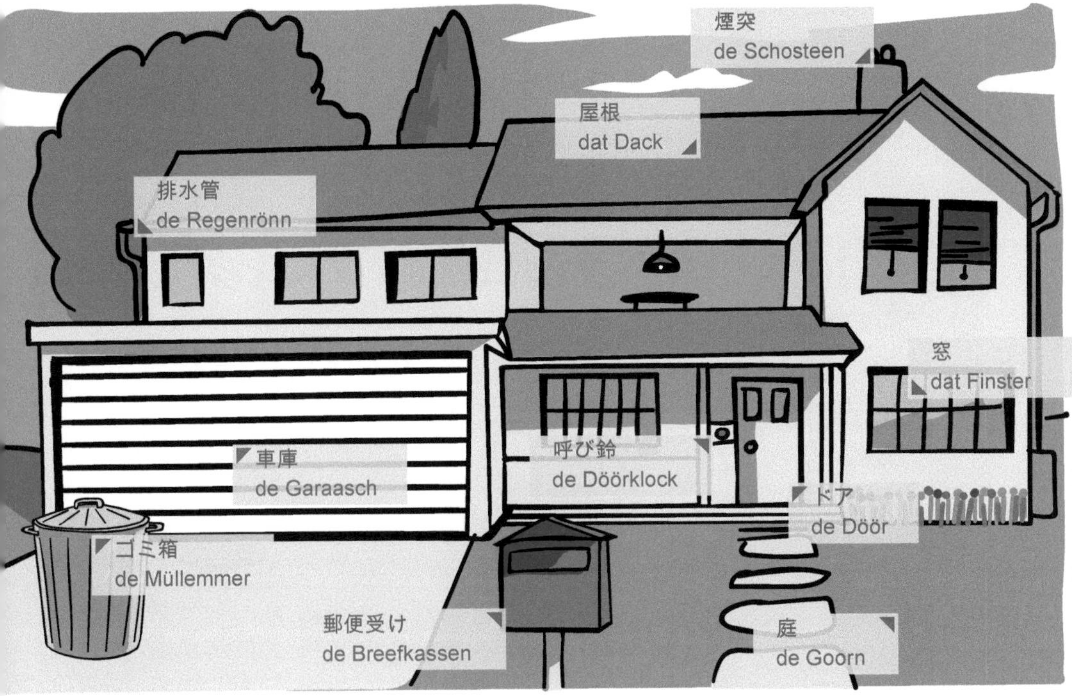

リビングルーム
de Wahnstuuv

浴室
de Baadstuuv

台所
de Köök

寝室
de Slaapstuuv

子供部屋
de Kinnerstuuv

ダイニング・ルーム
de Eetstuuv

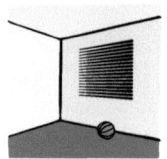

床
de Footbodden

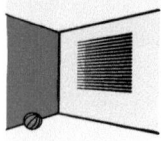

壁
de Wand

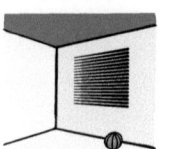

天井
de Deek

地下貯蔵庫
de Keller

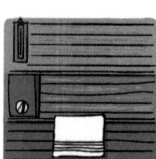

サウナ
dat Hittluftbad

バルコニー
de Balkon

テラス
de Terrass

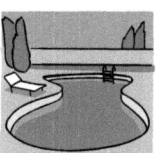

プール
dat Swümmbad

芝刈り機
de Rasenmeiher

シーツ
de Bettbetog

ベッドカバー
de Bettdeek

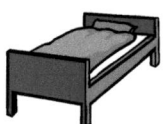

ベッド
de Puuch

ほうき
de Bessen

バケツ
de Emmer

スイッチ
de Schalter

リビングルーム
de Wahnstuuv

壁紙
de Tapeet
絵
dat Bild
ランプ
de Lamp
棚
dat Regal
食器棚
dat Schapp
テレビ
de Kiekkassen
暖炉
de Kamin
花
de Bloom
クッション
dat Küssen
ソファ
dat Sofa
花瓶
de Vaas
リモコン
de Feernbedenen

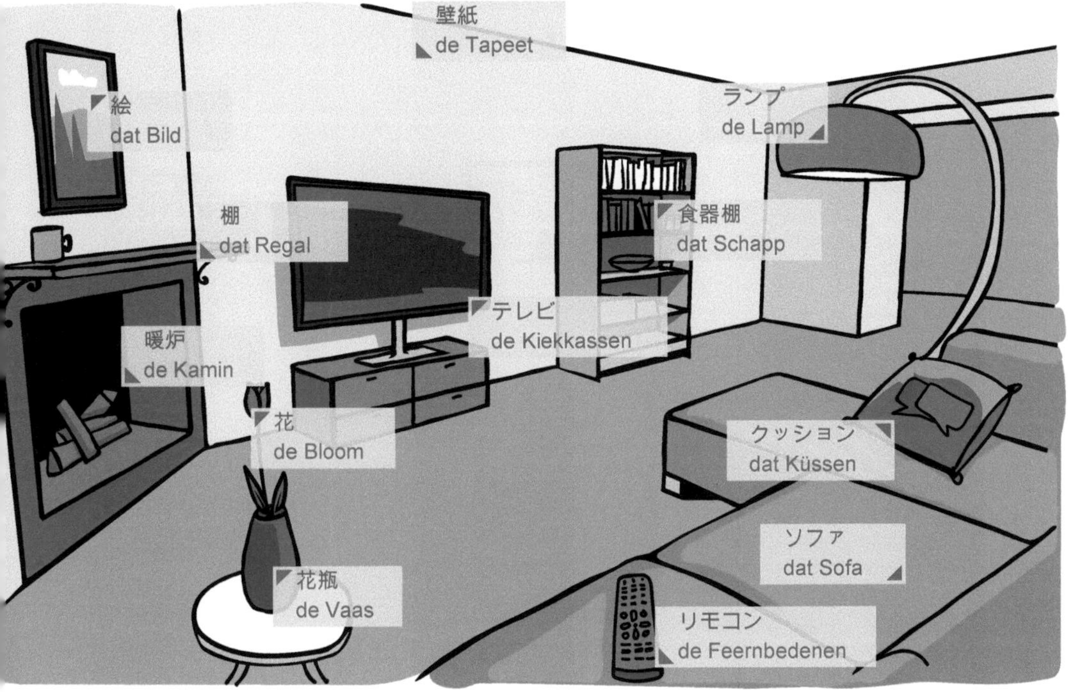

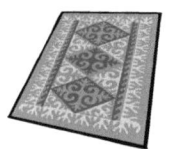

カーペット

de Teppich

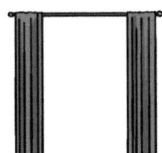

カーテン

de Vörhang

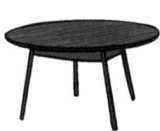

テーブル

de Disch

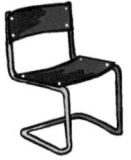

椅子

de Stohl

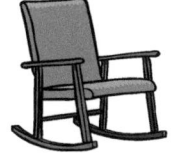

ロッキングチェア

de Schuckelstohl

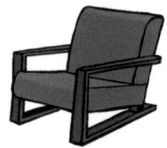

ひじ掛け椅子

de Sessel

本
dat Book

毛布
de Deek

飾り
de Dekoratschoon

たきぎ
dat Füerholt

映画
de Film

ステレオ
de Stereoanlaag

鍵
de Slötel

新聞
dat Narichtenblatt

絵画
dat Gemälde

ポスター
dat Poster

ラジオ
dat Radio

メモ帳
de Opschrievblock

掃除機
de Huulbessen

サボテン
de Kaktus

ろうそく
de Kars

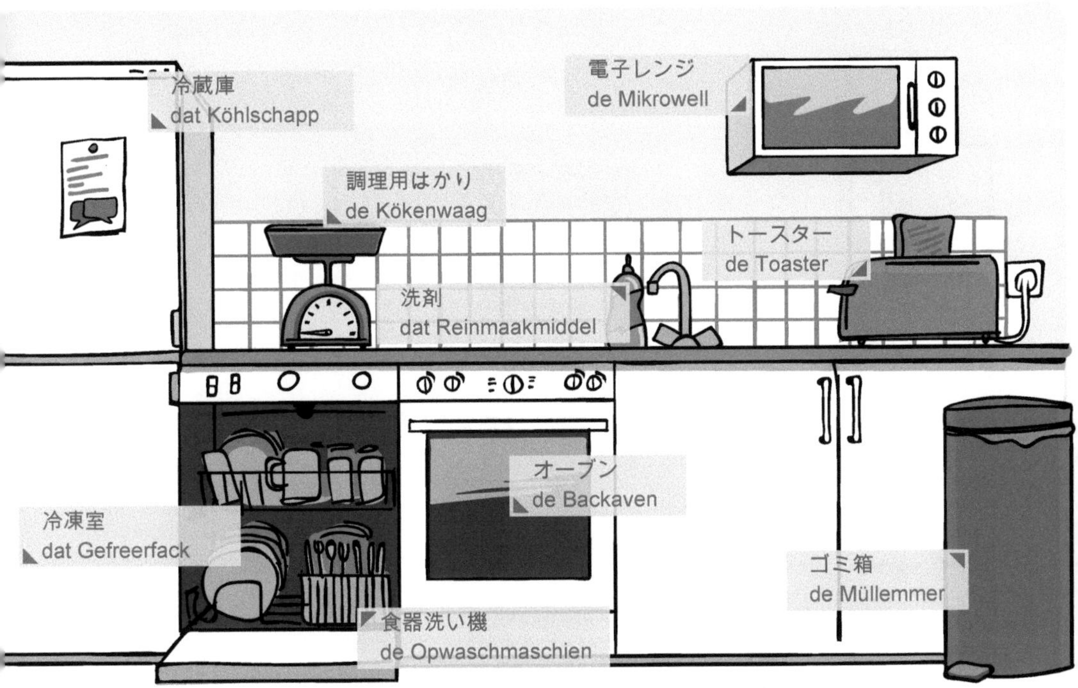

冷蔵庫
▶ dat Köhlschapp

電子レンジ
de Mikrowell

調理用はかり
▶ de Kökenwaag

トースター
de Toaster

洗剤
dat Reinmaakmiddel

オーブン
▶ de Backaven

冷凍室
▶ dat Gefreerfack

ゴミ箱
de Müllemmer

食器洗い機
de Opwaschmaschien

こんろ
de Heerd

鍋
de Pott

鉄鍋
de Gussiesern Putt

中華鍋/ カダイ鍋
de Wok / Kadai

フライパン
de Pann

やかん
de Waterkaker

蒸し器

de Dampkaakputt

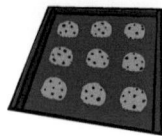

天板

dat Backblick

食器

dat Geschirr

マグカップ

de Beker

ボウル

de Schaal

箸

de Eetsticken

おたま

de Suppenkell

へら

de Pannenwenner

泡立て器

de Sneebessen

こし器

dat Kaakseef

ふるい

dat Seef

すりおろし器

de Riev

すり鉢

de Mörser

バーベキュー

de Grill

かまど

de Füerstell

まな板

dat Sniedbrett

麺棒

dat Nudelholt

栓抜き

de Proppentrecker

缶

de Doos

缶切り

de Dosenaapner

鍋つかみ

de Pottlappen

流し

dat Waschbecken

ブラシ

de Böst

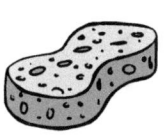

スポンジ

de Swamm

ミキサー

de Mixer

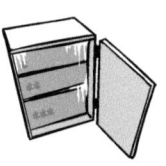

冷凍庫

dat Iesschapp

哺乳瓶

de Nuckelbuddel

蛇口

de Waterhahn

浴室

de Baadstuuv

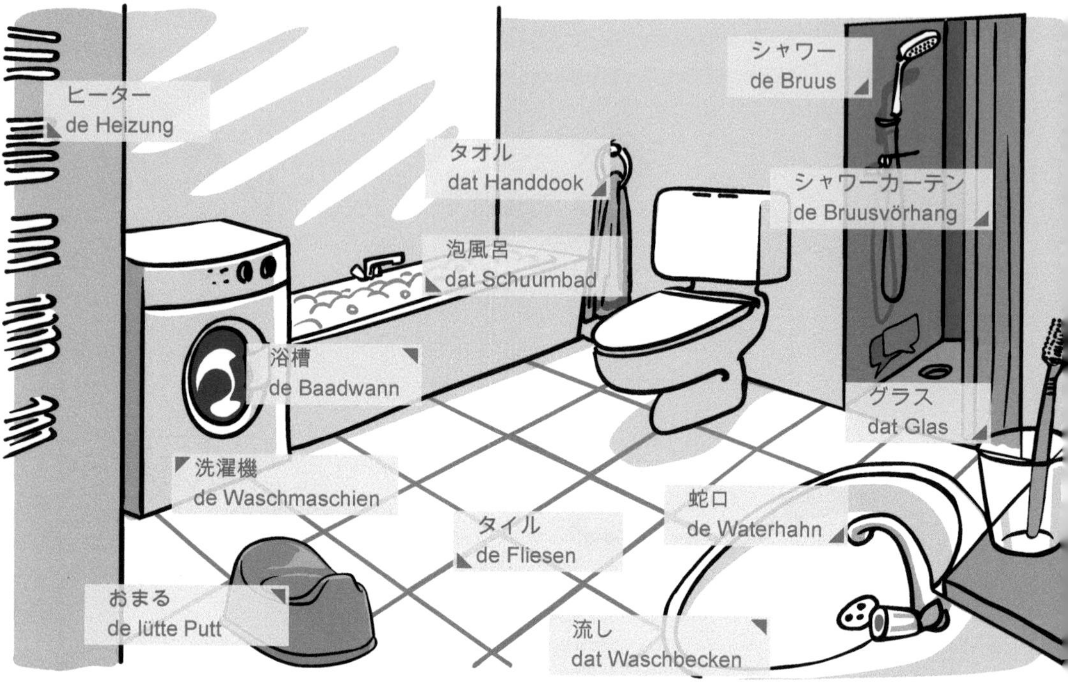

ヒーター
de Heizung
タオル
dat Handdook
シャワー
de Bruus
シャワーカーテン
de Bruusvörhang
泡風呂
dat Schuumbad
浴槽
de Baadwann
グラス
dat Glas
洗濯機
de Waschmaschien
蛇口
de Waterhahn
タイル
de Fliesen
おまる
de lütte Putt
流し
dat Waschbecken

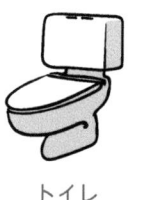

トイレ

de Tante Meier

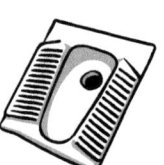

和式トイレ

de Hockklo

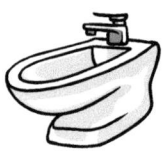

ビデ

dat Bidet

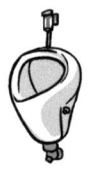

小便器

dat Miegbecken

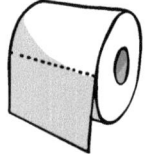

トイレットペーパー

dat Klopapeer

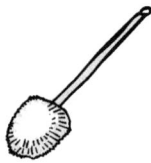

トイレブラシ

de Kloböst

歯ブラシ

de Tähnböst

歯みがき

de Tähnpast

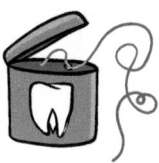

デンタルフロス

de Tähnsied

洗う

waschen

シャワーヘッド

de Handbruus

ハンドビデ

de Intimbruus

洗面台

de Waschschöttel

ボディブラシ

de Rüchböst

石鹸

de Seep

シャワー用ジェル

dat Bruusgeel

シャンプー

dat Hoorwaschmiddel

浴用タオル

de Waschlappen

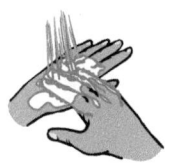

排水口

de Afloop

クリーム

de Creme

消臭

dat Deodorant

浴室 - de Baadstuuv

鏡
de Spegel

手鏡
de Kosmetikspegel

かみそり
de Raserer

シェービング・フォーム
de Raseerschuum

アフターシェーブローショ
dat Raseerwater

櫛
de Kamm

ブラシ
de Böst

ドライヤー
de Hoordröger

ヘアスプレー
dat Hoorspray

化粧
de Smink

口紅
de Lippensticken

マニキュア
de Nagellack

脱脂綿
de Watt

爪切り
de Nagelscheer

香水
dat Rüükwater

洗面用具入れ

de Kulturbüdel

スツール

de Schemel

体重計

de Waag

バスローブ

de Baadmantel

ゴム手袋

de Gummihanschen

タンポン

de Tampon

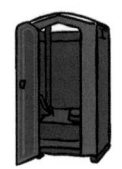

生理用ナプキン

de Damenbinn

ケミカルトイレ

dat Chemieklo

子供部屋

de Kinnerstuuv

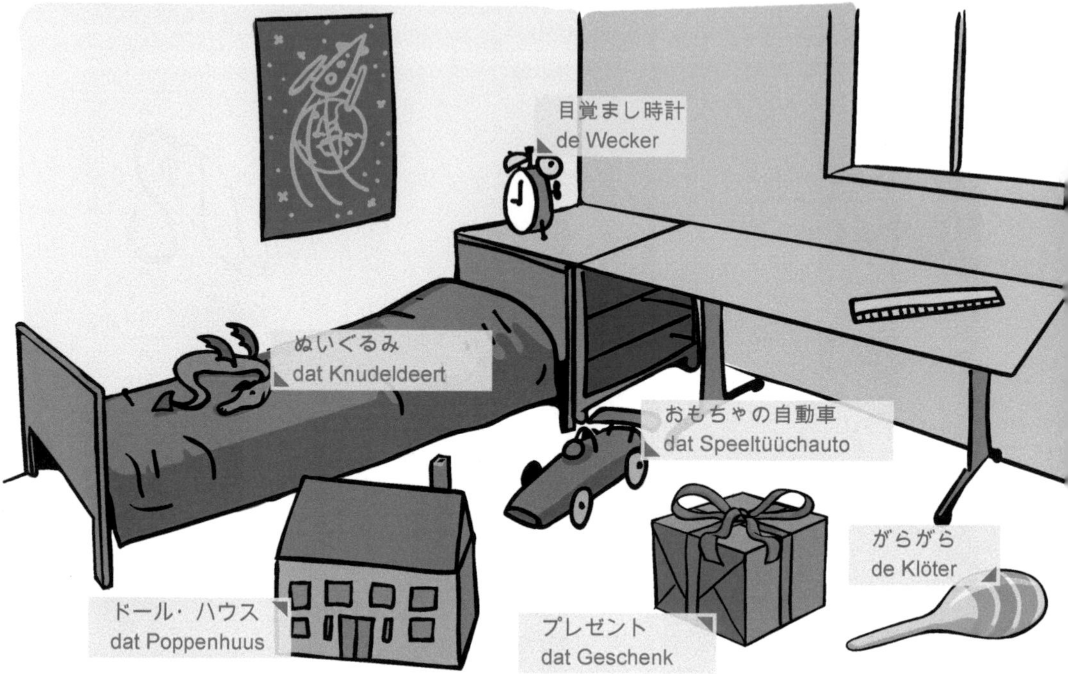

目覚まし時計
de Wecker
ぬいぐるみ
dat Knudeldeert
おもちゃの自動車
dat Speeltüüchauto
がらがら
de Klöter
ドール・ハウス
dat Poppenhuus
プレゼント
dat Geschenk

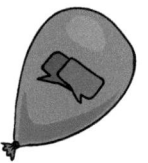

風船

de Luftballon

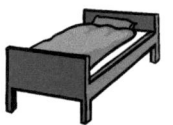

ベッド

de Puuch

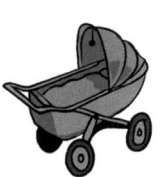

ベビーカー

de Kinnerwagen

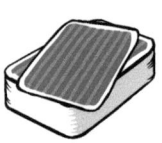

カードゲーム

dat Koortenspeel

ジグソーパズル

dat Puzzle

SUPER
MEGA

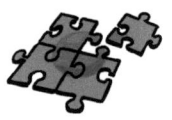

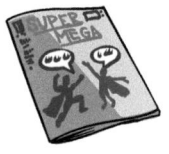

漫画

de Billergeschicht

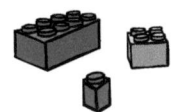

レゴ

de Legostenen

玩具ブロック

de Bustenen

アクションフィギュア

de Action-Figur

ロンパース

de Strampelantog

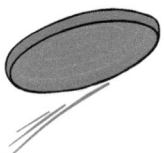

フリスビー

de Frisbeeschiev

モバイル

dat Mobile

ボードゲーム

dat Brettspeel

さいころ

de Wörpel

鉄道模型

de Modelliesenbahn

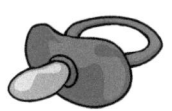

おしゃぶり

de Snuller

パーティー

de Party

絵本

dat Billerbook

ボール

de Ball

人形

de Popp

遊ぶ

spelen

砂場
de Sandkassen

ブランコ
de Schuckel

おもちゃ
dat Speeltüüch

ゲーム機
de Speelkonsool

三輪車
dat Dreerad

テディベア
de Teddyboor

衣装ダンス
dat Klederschapp

衣服
dat Tüüch

靴下
de Socken

ストッキング
de Strümp

タイツ
de Strumpbüx

スカーフ
dat Halsdook

ベルト
de Liefreem

雨傘
de Paraplü

Tシャツ
dat T-Shirt

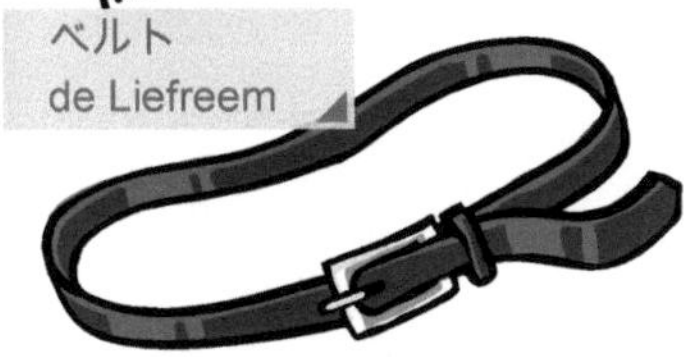

ブーツ
de Stevel

スリッパ
de Puuschen

スニーカー
de Turnschoh

サンダル
de Sandalen

靴
de Schoh

ゴム長靴
de Gummistevel

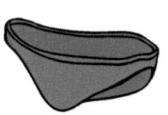

パンツ
de Ünnerbüx

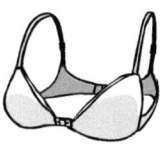

ブラ
de Bostholler

ベスト
dat Ünnerhemd

ボディースーツ

de Lief

ズボン

de Büx

ジーンズ

de Jeansnüx

スカート

de Rock

ブラウス

de Bluus

シャツ

dat Hemd

セーター

de Pullover

パーカー

de Kapuzenpullover

ブレザー

de Blazer

ジャケット

de Jack

コート

de Mantel

レインコート

de Övertrecker

服装

dat Kostüm

ドレス

dat Kleed

ウェディングドレス

dat Hochtietskleed

スーツ

de Antog

ナイトガウン

dat Nachtkleed

パジャマ

de Slaapantog

サリー

de Sari

ヘッドスカーフ

dat Koppdook

ターバン

de Turban

ブルカ

de Burka

カフタン

de Kaftan

アバヤ

de Abaya

水着

de Baadantog

トランクス

de Baadbüx

半ズボン

de Korte Büx

スウェットスーツ

de Antog to'n Öven

エプロン

de Schört

手袋

de Handschoh

ボタン

de Knopp

メガネ

de Brill

ブレスレット

dat Armband

ネックレス

de Halskeed

指輪

de Ring

イヤリング

de Ohrbummel

帽子

de Mütz

ハンガー

de Klederbögel

帽子

de Hoot

ネクタイ

de Binner

ファスナー

de Rietslüter

ヘルメット

de Helm

サスペンダー

dat Drachtband

制服

de Schooluniform

ユニフォーム

de Uniform

よだれかけ
de Severböten

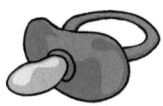

おしゃぶり
de Snuller

おむつ
de Winnel

オフィス
dat Büro

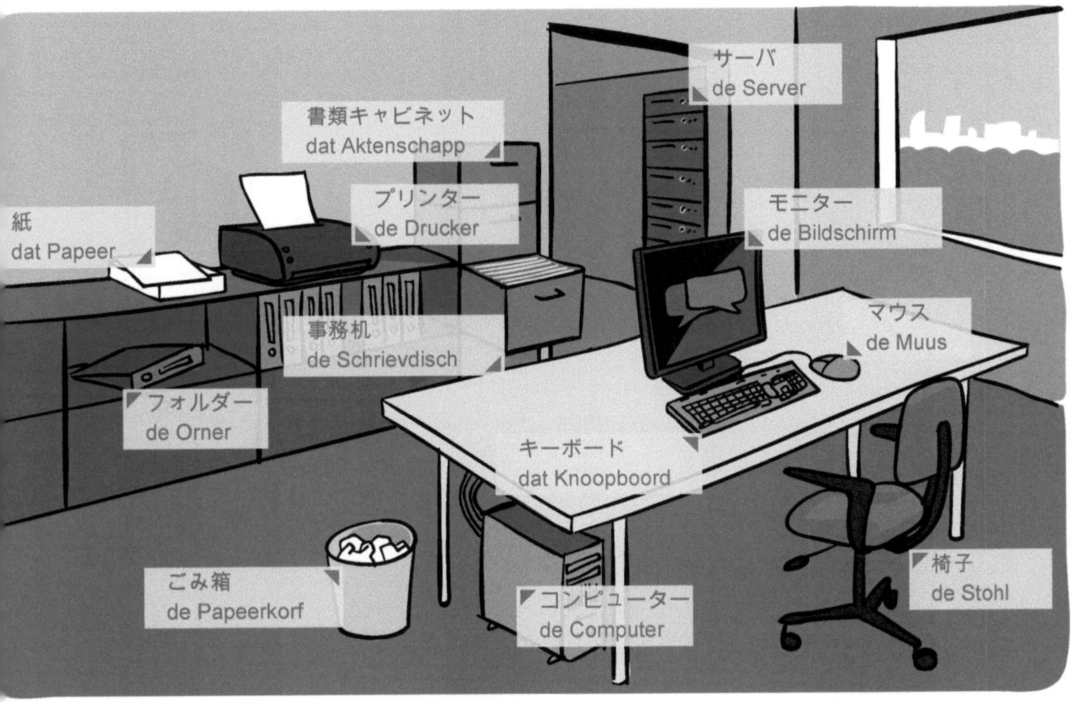

サーバ
de Server

書類キャビネット
dat Aktenschapp

プリンター
de Drucker

モニター
de Bildschirm

紙
dat Papeer

事務机
de Schrievdisch

マウス
de Muus

フォルダー
de Orner

キーボード
dat Knoopboord

ごみ箱
de Papeerkorf

コンピューター
de Computer

椅子
de Stohl

コーヒーマグ
de Koffiebeker

計算機
de Taschenreekner

インターネット
dat Internet

ラップトップ
de Klappreekner

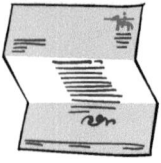

手紙
de Breef

メッセージ
de Naricht

携帯電話
de Ackersnacker

ネットワーク
dat Nettwark

コピー機
de Kopeerapparat

ソフトウェア
de Software

電話
de Klöönkassen

コンセント
de Steekdoos

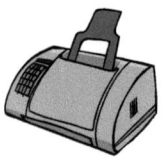

ファックス
de Faxapparat

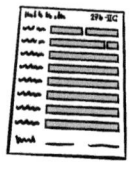

フォーム
dat Formulor

書類
dat Dokument

de Weertschop

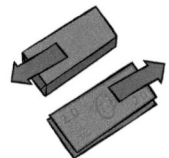

買う

köpen

支払う

betahlen

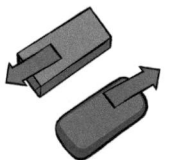

取引する

hanneln

お金

dat Geld

ドル

de Dollar

ユーロ

de Euro

円

de Yen

ルーブル

de Ruvel

スイスフラン

de Swiezer Franken

人民元

de Renminbi Yuan

ルピー

de Rupie

キャッシュポイント

de Geldautomat

両替所
....
de Wesselstuuv

金
....
dat Gold

銀
....
dat Sülver

油
....
dat Ööl

エネルギー
....
de Energie

価格
....
de Pries

契約
....
de Verdrag

税金
....
de Stüer

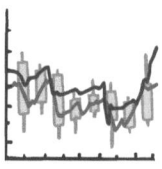

株
....
de Andeelschien

働く
....
arbeiden

従業員
....
de Anstellte

雇用主
....
de Arbeitgever

工場
....
de Fabrik

ショップ
....
de Hökerie

de Profeschonen

警察官
de Wachtmeester

消防士
de Füerwehrmann

コック
de Kock

医師
de Dokter

パイロット
de Fleger

庭師
de Goorner

大工
de Discher

お針子
de Neihersche

裁判官
de Richter

化学者
de Chemiker

俳優
de Schauspeler

バスの運転手

de Busfohrer

タクシー運転手

de Taxifohrer

漁師

de Fischer

掃除婦

de Reinmaakfru

屋根ふき職人

de Dackdecker

ウェイター

de Kellner

ハンター

de Jäger

塗装工

de Maler

パン屋

de Bäcker

電気工

de Elektriker

建設作業員

de Buarbeider

エンジニア

de Ingenieur

肉屋

de Slachter

配管工

de Klempner

郵便配達人

de Postbüdel

軍人
de Suldat

建築家
de Architekt

レジ係
de Kasserer

花屋
de Florist

美容師
de Putzbüdel

車掌
de Schaffner

機械工
de Mechaniker

キャプテン
de Kaptein

歯科医
de Tähndokter

科学者
de Wetenschopler

ラビ
de Rabbi

イスラム導師
de Imam

修道士
de Mönk

牧師
de Paap

道具

dat Warktüüch

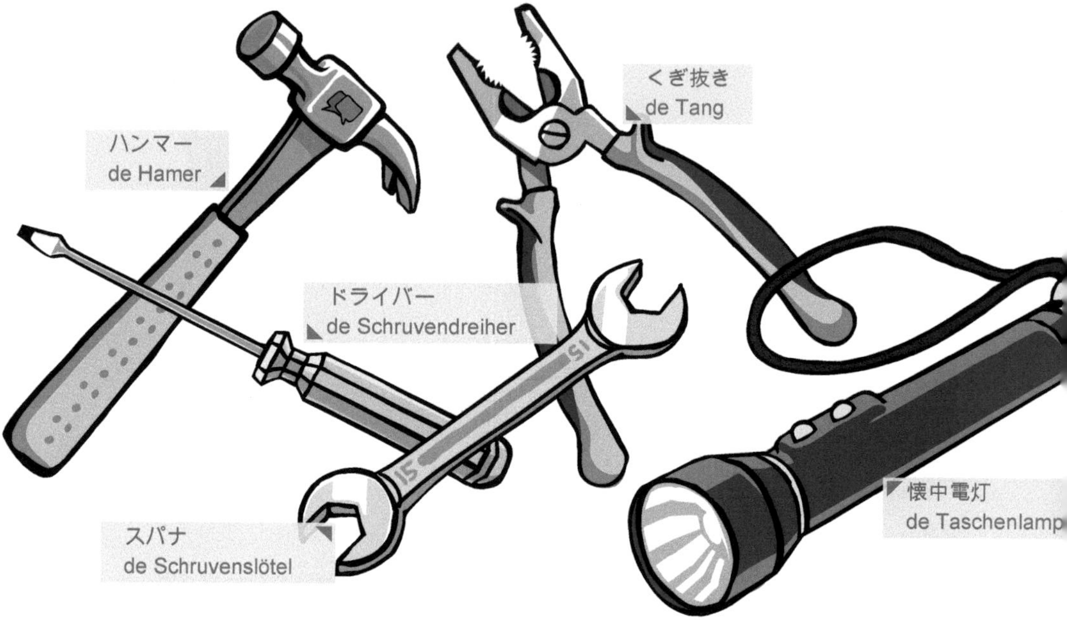

くぎ抜き
de Tang
ハンマー
de Hamer
ドライバー
de Schruvendreiher
懐中電灯
de Taschenlamp
スパナ
de Schruvenslötel

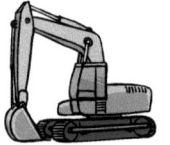

掘削機

de Grieper

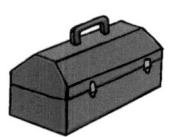

道具箱

de Warktüüchkassen

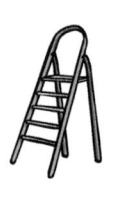

はしご

de Ledder

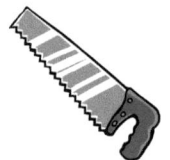

のこぎり

de Saag

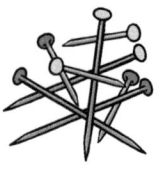

釘

de Nagels

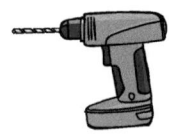

ドリル

de Bohrer

修理する
heelmaken

シャベル
de Schüffel

クソ！
Schiet!

ちりとり
dat Kehrblick

ペンキ缶
de Farvpott

ネジ
de Schruven

楽器

de Musikinstrumenten

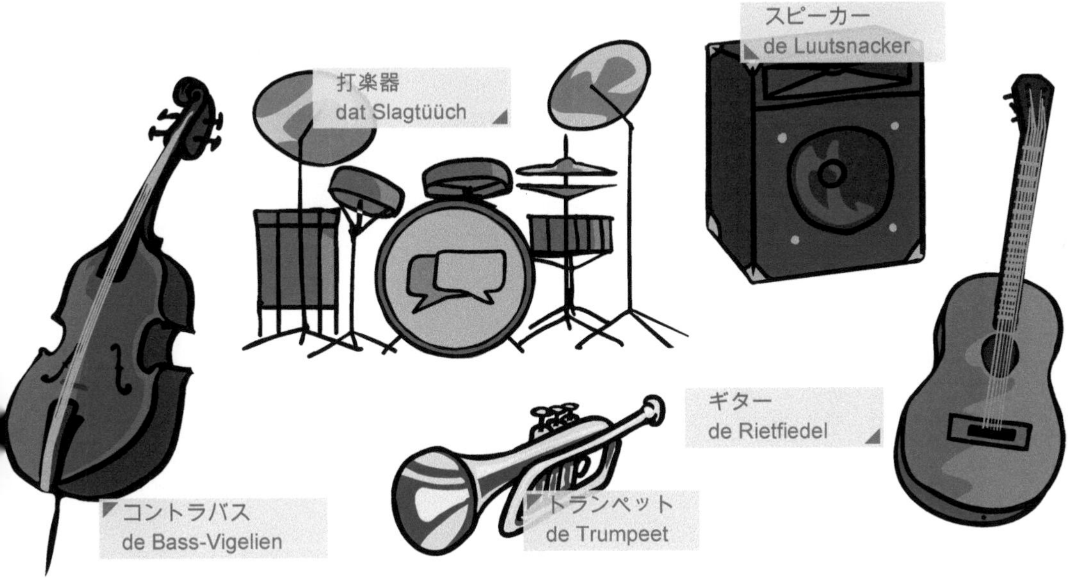

スピーカー
de Luutsnacker

打楽器
dat Slagtüüch

ギター
de Rietfiedel

コントラバス
de Bass-Vigelien

トランペット
de Trumpeet

ピアノ

dat Klaveer

バイオリン

de Vigelien

バス

de Bass

ティンパニ

de Pauk

ドラム

de Trummeln

キーボード

dat Keyboard

サックス

dat Saxophon

フルート

de Fleut

マイクロフォン

dat Mikrofoon

de Deertenpark

虎
de Tiger

入口
de Ingang

おり
de Käfig

シマウマ
dat Zebra

飼料
dat Deertenfoder

パンダ
de Panda-Boor

動物
de Deerten

象
de Elefant

カンガルー
dat Känguru

サイ
dat Neeshoorn

ゴリラ
de Gorilla

熊
de Boor

ラクダ

dat Kameel

ダチョウ

de Struuß

ライオン

de Lööv

猿

de Aap

フラミンゴ

de Flamingo

オウム

de Papagoi

白クマ

de Iesboor

ペンギン

de Pinguin

サメ

de Haifisch

クジャク

de Pageluun

蛇

de Slang

ワニ

dat Krokodil

飼育係

de Oppasser in'n
Deertenpark

アザラシ

de Saalhund

ジャガー

de Jaguor

ポニー
dat Pony

ヒョウ
de Leopard

カバ
dat Nilpeerd

キリン
de Giraff

鷲
de Aadler

雄豚
dat Wildswien

魚
de Fisch

亀
de Schildkrööt

セイウチ
dat Walross

狐
de Voss

ガゼル
de Gazell

アメフト
de Amerikaansch Football

サイクリング
dat Radfohren

テニス
dat Tennis

バスケットボール
de Korfball

水泳
dat Swümmen

ボクシング
dat Boxen

アイスホッケー
dat Ieshockey

サッカー
de Football

バドミントン
dat Fedderball

陸上競技
de Leichtathletik

ハンドボール
de Handball

スキー
dat Skilopen

ポロ
dat Polo

活動
de Aktivitäten

跳ぶ
springen
抱きしめる
ümarmen
笑う
lachen
歩く
gahn
歌う
singen
夢見る
drömen
祈る
beden
キス
snuteln

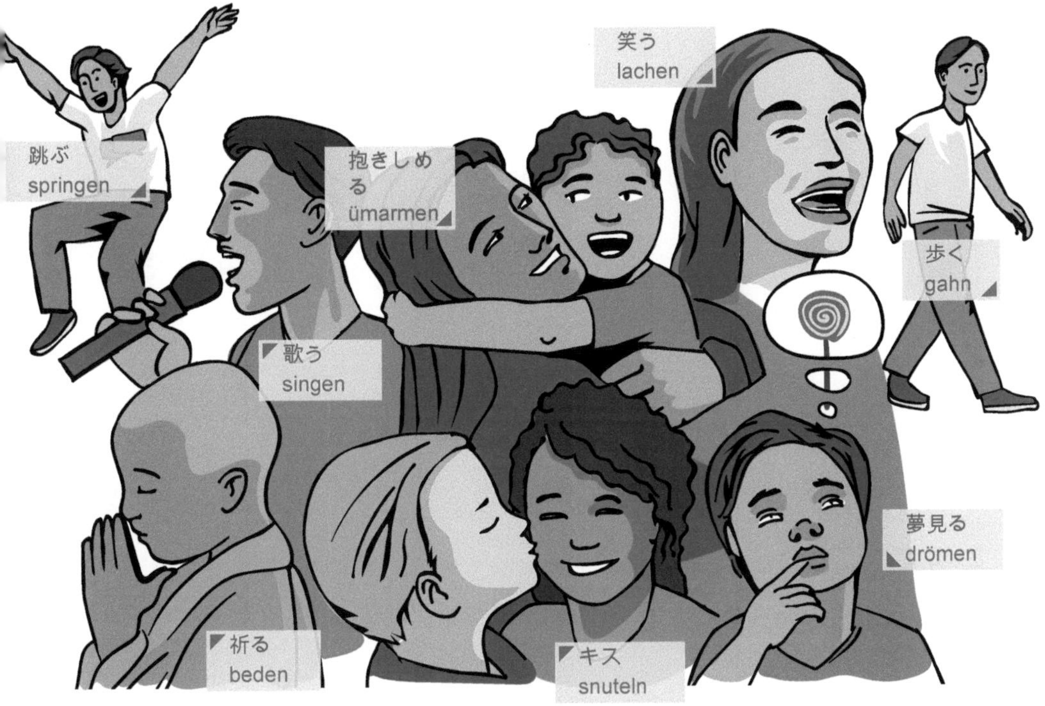

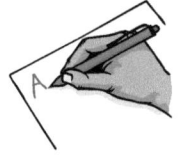

書く

schrieven

描く

teken

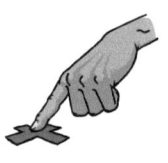

示す

wiesen

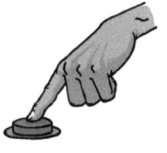

押す

drücken

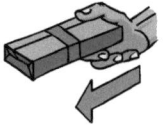

与える

geven

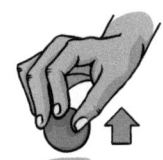

取る

nehmen

持っている

hebben

する

doon

ある

sien

立つ

stahn

走る

lopen

引く

trecken

投げる

smieten

落ちる

fallen

横たわっている

liggen

待つ

töven

運ぶ

dregen

座る

sitten

着る

antrecken

眠る

slapen

目が覚める

opwaken

活動 - de Aktivitäten

見る
ankieken

泣く
wenen

なでる
eien

櫛ですく
kämmen

話す
snacken

理解する
verstahn

質問する
fragen

聞く
hören

飲む
drinken

食べる
eten

片づける
oprümen

愛する
leefhebben

料理する
kaken

運転する
fohren

飛ぶ
flegen

活動 - de Aktivitäten

ヨットに乗る

segeln

計算する

reken

読む

lesen

学ぶ

lehren

働く

arbeiden

結婚する

de Plünnen tohoopsmieten

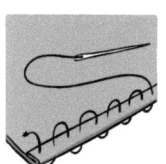

縫う

neihen

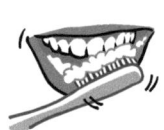

歯を磨く

Tähnen putzen

殺す

dootmaken

喫煙する

smöken

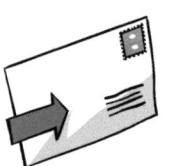

送る

schicken

de Familje

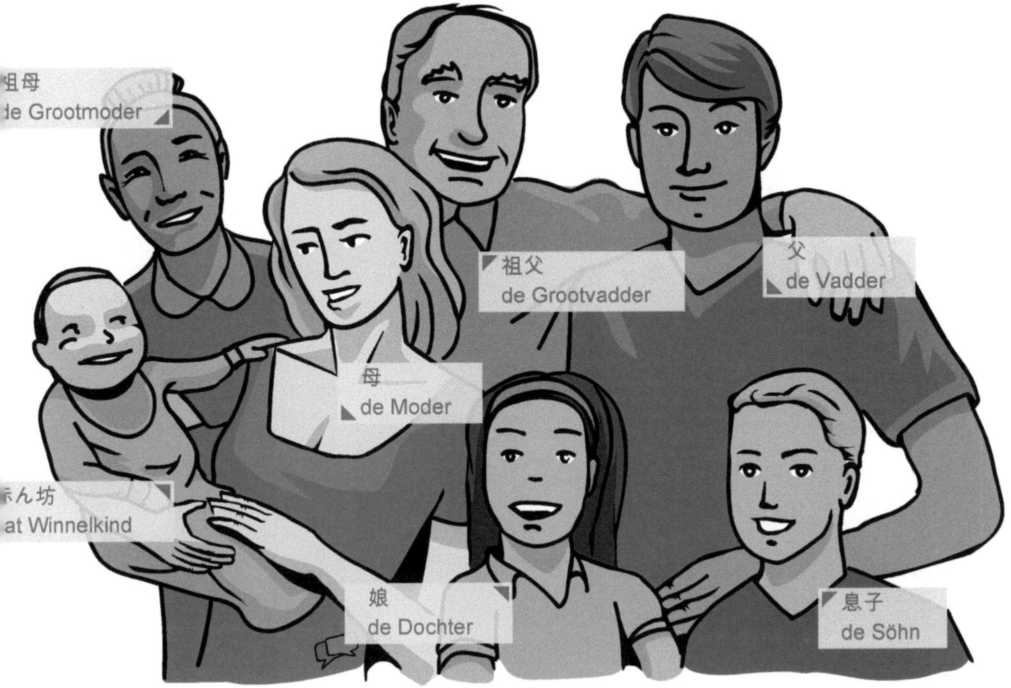
祖母
de Grootmoder
祖父
de Grootvadder
父
de Vadder
母
de Moder
赤ん坊
dat Winnelkind
娘
de Dochter
息子
de Söhn

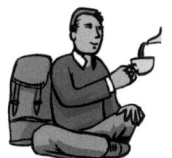

お客様

de Gast

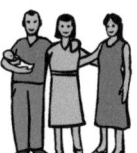

おば

de Tant

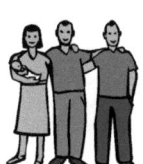

おじ

de Unkel

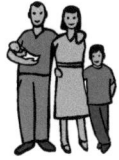

兄弟

de Broder

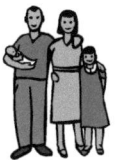

姉妹

de Süster

de Lief

ひたい
de Vörkopp
目
dat Oog
肩
de Schuller
指
de Finger
顔
dat Gesicht
あご
dat Kinn
手
de Hand
脚
dat Been
胸
de Bost
腕
de Arm

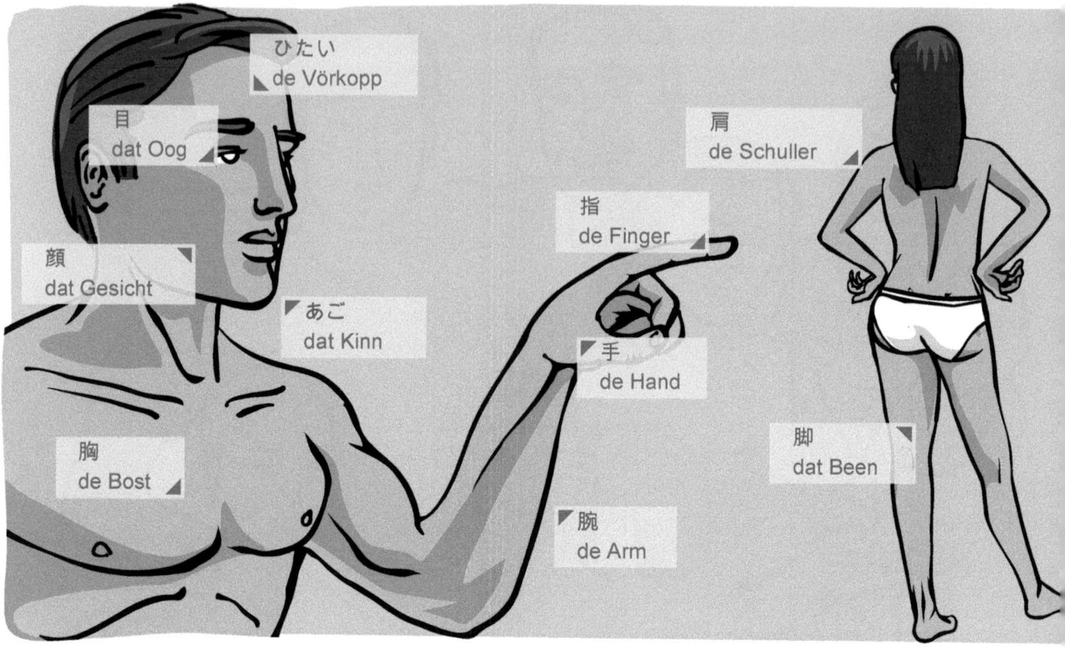

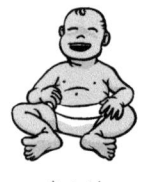

赤ん坊

dat Winnelkind

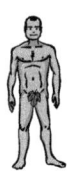

男性

de Mann

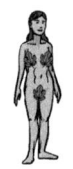

女性

de Fro

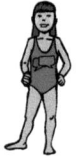

少女

de Deern

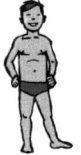

少年

de Jung

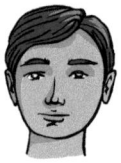

頭

de Arm

背中
de Rüch

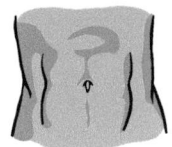

腹
de Buuk

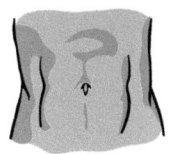

へそ
de Navel

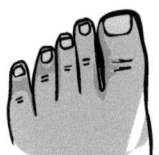

足指
de Teh

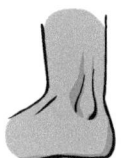

かかと
de Hack

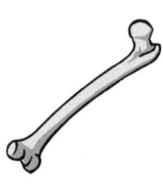

骨
de Knaken

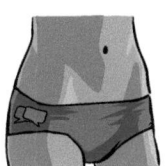

腰
de Hüft

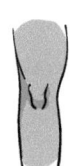

ひざ
dat Knee

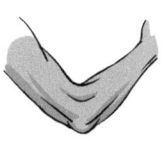

ひじ
de Ellbagen

鼻
de Nees

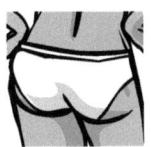

尻
de Achtersen

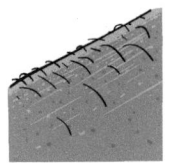

皮膚
de Huut

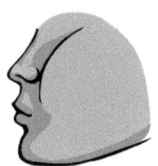

頬
de Back

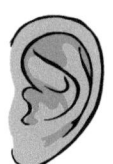

耳
dat Ohr

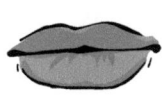

唇
de Lipp

体 - de Lief

口
de Mund

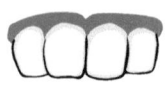

歯
de Tähn

舌
de Tung

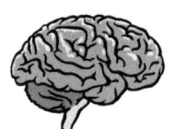

脳
de Bregen

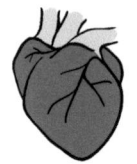

心臓
dat Hart

筋肉
de Muskel

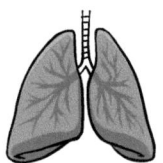

肺
de Lung

肝臓
de Lever

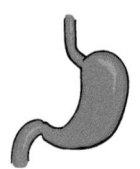

胃
de Maag

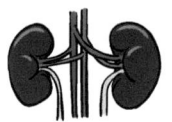

腎臓
de Neren

セックス
de Bislaap

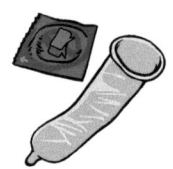

コンドーム
dat Kondoom

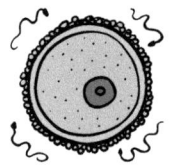

卵細胞
de Eizell

精液
dat Sperma

妊娠
de Anner Ümstänn

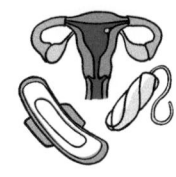

月経

de Menstruatschoon

膣

de Scheed

ペニス

de Pint

眉

de Ogenbroe

髪

dat Hoor

首

de Hals

病院
dat Krankenhuus

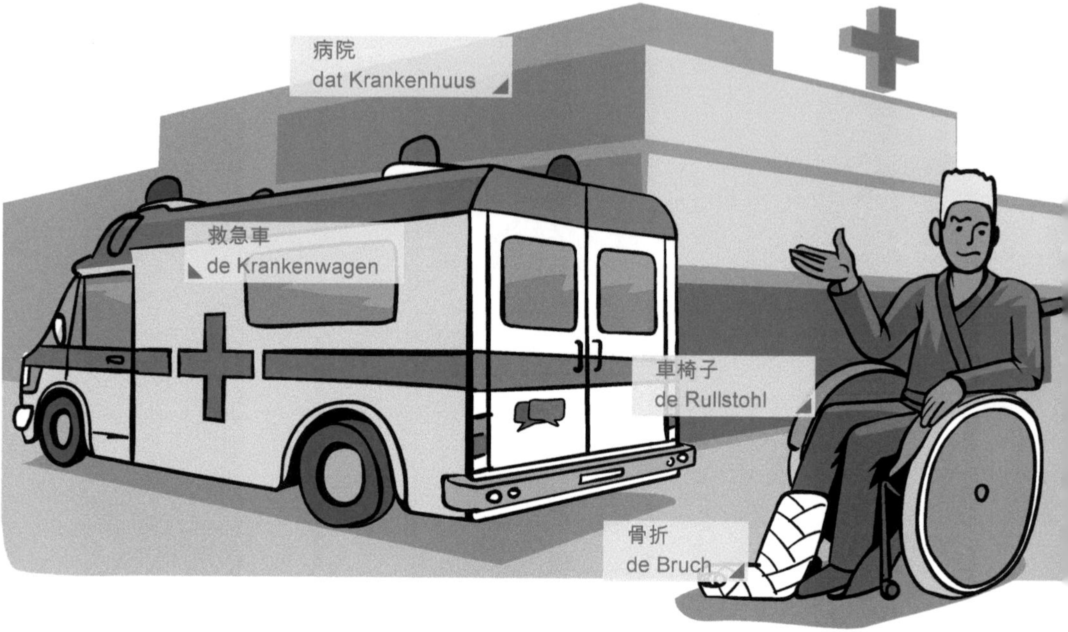

病院
dat Krankenhuus
救急車
de Krankenwagen
車椅子
de Rullstohl
骨折
de Bruch

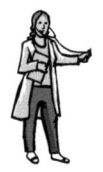

医師
de Dokter

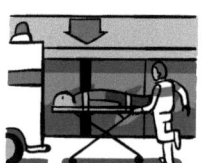

救急治療室
de Nootopnahm

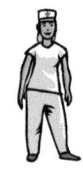

看護師
de Krankensüster

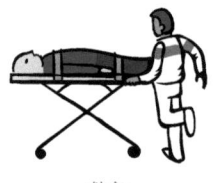

救急
de Nootfall

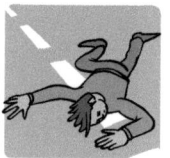

失神
ahnmächtig

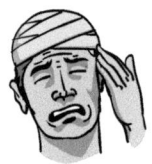

痛み
de Wehdaag

けが
de Verwunnen

出血
de Blöden

心臓発作
de Hartinfarkt

脳卒中
de Slaganfall

アレルギー
de Allergie

咳
de Hoosten

熱
dat Fever

インフルエンザ
de Gripp

下痢
de Dörchfall

頭痛
de Koppwehdaag

癌
de Kreeft

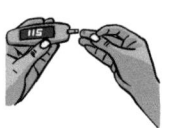

糖尿病
de Zuckersüük

外科医
de Chirurg

外科用メス
dat Chirurgsch Mess

手術
de Operatschoon

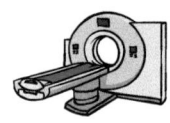

CT
dat CT

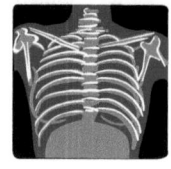

レントゲン
de Dörchlüchten

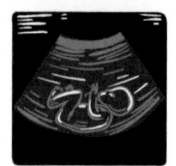

超音波
de Ultraschall

マスク
de Mask

病気
de Krankheit

待合室
de Töövruum

松葉づえ
de Krück

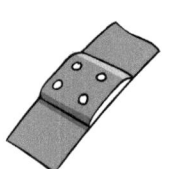

ばんそうこう
dat Plaaster

包帯
de Verband

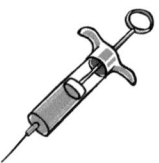

注射
de Insprütten

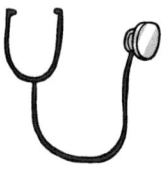

聴診器
dat Stethoskop

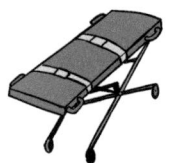

担架
de Draag

体温計
dat Feverthermometer

出産
de Geboort

肥満
dat Övergewicht

補聴器

de Höörapparat

消毒剤

dat Kiemfriemiddel

感染

de Ansteken

ウイルス

de Virus

HIV / エイズ

dat HIV / AIDS

内服薬

dat Heelmiddel

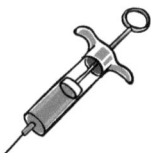

予防接種

de Impen

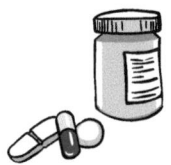

錠剤

de Tabletten

ピル

de Pill

緊急電話

de Nootroop

血圧計

de Blootdruck-Meter

病気の　/　健康な

krank / gesund

助けて！

Hölp!

アラーム

de Alarm

暴行

de Överfall

攻撃

de Angreep

危険

de Gefohr

非常口

de Nootutgang

火事だ！

dat Füer!

消火器

de Füerlöscher

事故

de Unfall

救急箱

de Noothölpkoffer

SOS

SOS

警察

de Polizei

ヨーロッパ

Europa

北米

Noordamerika

南米

Süüdamerika

アフリカ

Afrika

アジア

Asien

オーストラリア

Australien

大西洋

de Atlantik

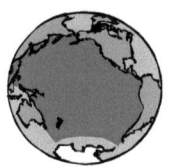

太平洋

de Pazifik

インド洋

dat Indisch Weltmeer

南極海

dat Antarktisch Weltmeer

北極海

dat Arktisch Weltmeer

北極

de Noordpol

南極

de Süüdpol

南極大陸

de Antarktis

地球

de Eerd

陸

dat Land

海

de See

島

dat Eiland

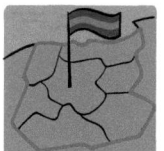

国家

de Natschoon

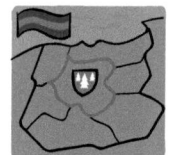

国家

de Staat

文字盤

dat Tallenblatt

短針

de Stunnenwieser

長針

de Minutenwieser

秒針

de Sekunnenwieser

何時ですか？

Wo laat is dat?

日

de Dag

時間

de Tiet

現在

nu

デジタル時計

de digetaalsch Klock

分

de Minuut

時間

de Stunn

de Week

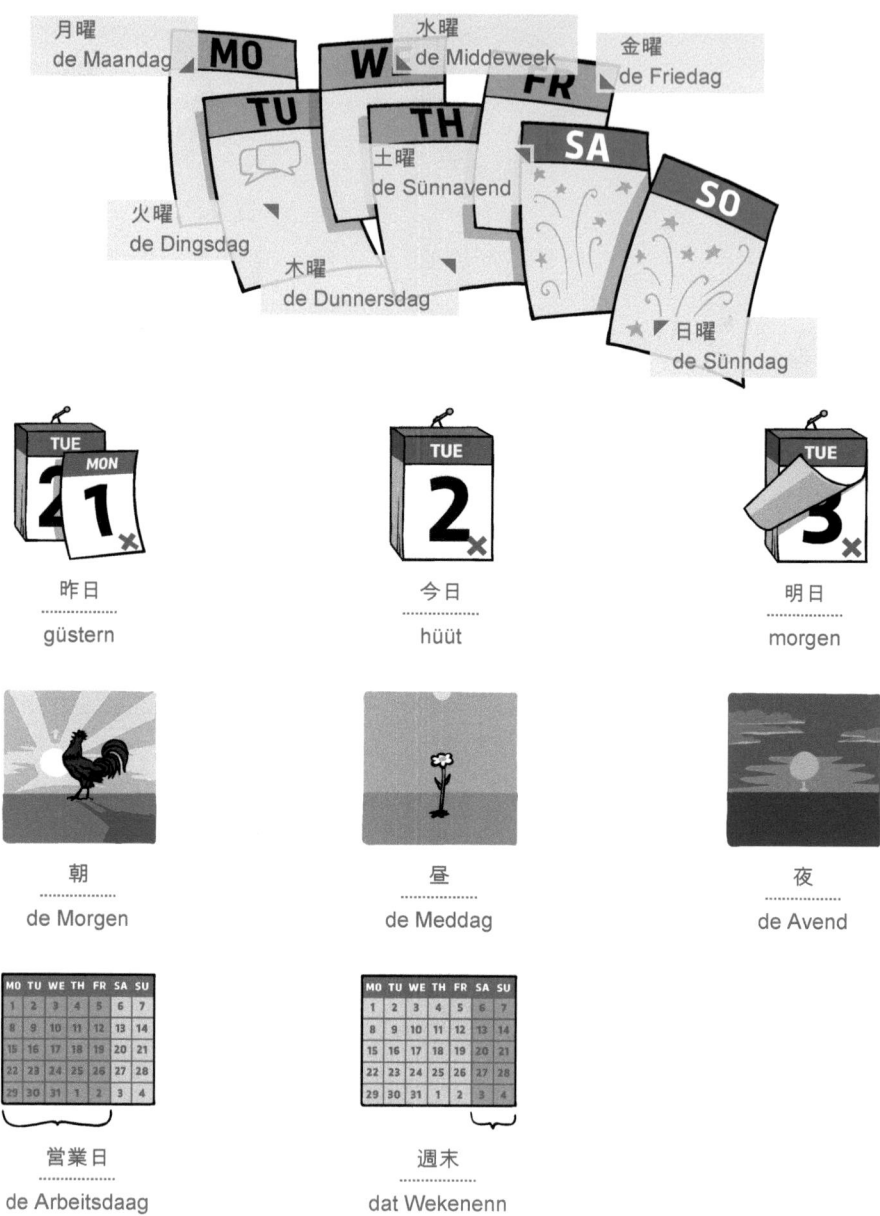

月曜
de Maandag

MO

W 水曜
de Middeweek

FR 金曜
de Friedag

TU

TH

SA

土曜
de Sünnavend

火曜
de Dingsdag

木曜
de Dunnersdag

SO

日曜
de Sünndag

昨日
güstern

今日
hüüt

明日
morgen

朝
de Morgen

昼
de Meddag

夜
de Avend

MO	TU	WE	TH	FR	SA	SU
1	2	3	4	5	6	7
8	9	10	11	12	13	14
15	16	17	18	19	20	21
22	23	24	25	26	27	28
29	30	31	1	2	3	4

営業日
de Arbeitsdaag

MO	TU	WE	TH	FR	SA	SU
1	2	3	4	5	6	7
8	9	10	11	12	13	14
15	16	17	18	19	20	21
22	23	24	25	26	27	28
29	30	31	1	2	3	4

週末
dat Wekenenn

雨
de Regen

虹
de Regenbagen

風
de Wind

雪
de Snee

春
dat Fröhjohr

夏
de Sommer

秋
de Harvst

冬
de Winter

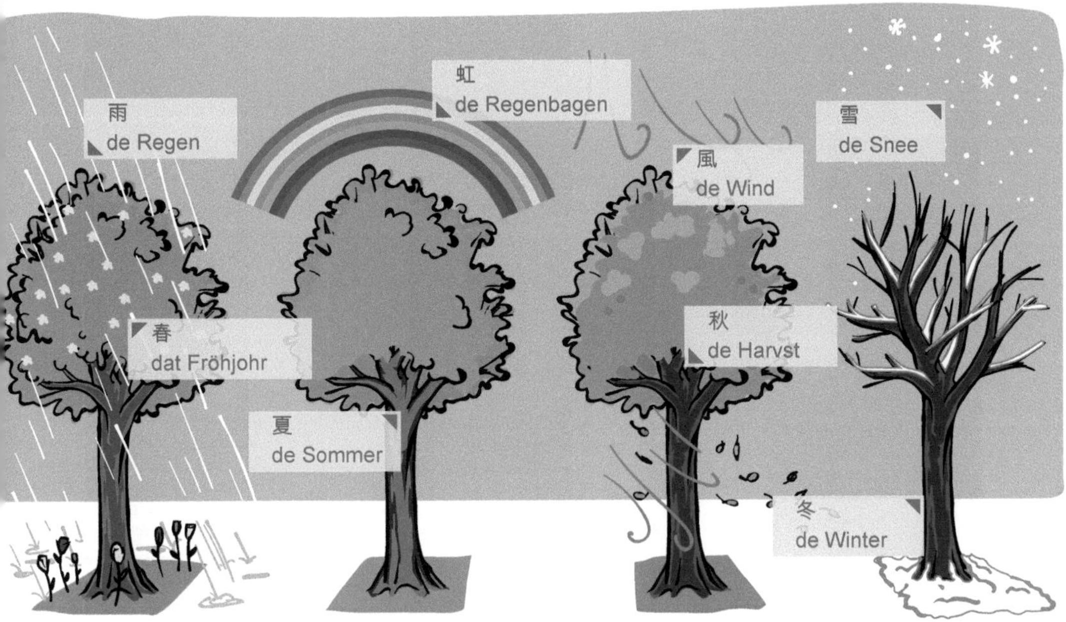

天気予報

de Wedervörhersaag

温度計

dat Thermometer

日差し

de Sünnenschien

雲

de Wulk

霧

de Nevel

湿度

de Luftfuchtigkeit

雷

de Blitz

雷

de Dunner

嵐

de Storm

ひょう

de Hagel

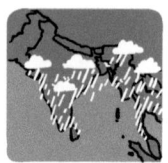

季節風

de Monsun

洪水

de Floot

氷

dat Ies

1月

de Januormaand

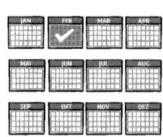

2月

de Februormaand

3月

de Martmaand

4月

de Aprilmaand

5月

de Maimaand

6月

de Junimaand

7月

de Julimaand

8月

de Augustmaand

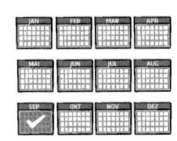

9月
de Septembermaand

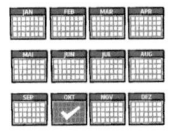

10月
de Oktobermaand

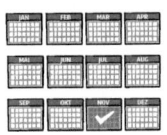

11月
de Novembermaand

12月
de Dezembermaand

形

de Formen

円
de Krink

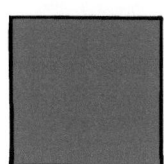

正方形
dat Quadrat

長方形
dat Rechteck

三角
dat Dreeeck

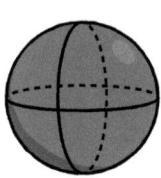

球
de Kugel

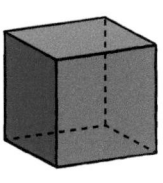

立方体
de Wörpel

色

白

witt

黄

geel

オレンジ

orangsch

ピンク

pink

赤

root

紫

lila

青

blau

緑

gröön

茶

bruun

灰色

gries

黒

swart

多い ／ 少ない

veel / wenig

怒っている ／
落ち着いている
böös / verdreeglich

美しい ／ 醜い

smuck / mies

初め ／ 終わり

de Begünn / dat Enn

大きい ／ 小さい

groot / lütt

明るい ／ 暗い

hell / düüster

兄弟 ／ 姉妹

de Broder / de Süster

清潔な ／ 汚い

schier / schietig

完全な ／ 不完全な

kumpleet / nich kumpleet

日中 ／ 夜

de Dag / de Nacht

死んだ ／ 生きている

doot / lebennig

幅広い ／ 狭い

breet / small

食べられる　/
食べられない
geneetbor / nich geneetbor

悪意のある　/　親切な
böös / fründlich

興奮している　/
退屈している
fickerig / langwielt

太った　/　痩せた
dick / dünn

最初に　/　最後に
toeerst / toletzt

友人　/　敵
de Fründ / de Fiend

いっぱいの　/　空の
vull / leddig

硬い　/　柔らかい
hart / week

重い　/　軽い
swoor / licht

空腹　/　喉の渇き
de Smacht / de Döst

病気の　/　健康な
krank / gesund

違法な　/　合法な
nich na't Recht / na't Recht

賢い　/　愚かな
klook / dummerhaftig

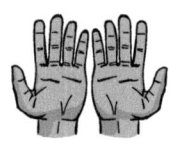

左に　/　右に
linkerhand / rechterhand

近い　/　遠い
neeg / feern

新しい / 中古の

nieg / bruukt

何もない / 何かある

nix / wat

老いた / 若い

oolt / jung

オン / オフ

an / ut

開いている /
閉まっている
apen / slaten

静かな / うるさい

lies / luut

裕福な / 貧乏な

riek / arm

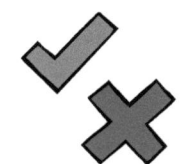

正しい / 間違っている

richtig / verkehrt

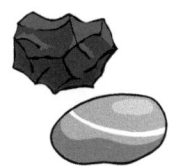

粗い / なめらか

ruug / glatt

悲しい / 幸せな

trurig / glücklich

短い / 長い

kort / lang

ゆっくり / 速い

suutje / flink

濡れた / 乾いた

natt / dröög

温かい / 冷たい

warm / köhl

戦争 / 平和

de Krieg / de Freden

反対 - de Gegendelen

0

ゼロ

null

1

1

een

2

2

twee

3

3

dree

4

4

veer

5

5

fief

6

6

söss

7

7

söven

8

8

acht

9

9

negen

10

10

teihn

11

11

ölven

12

12
twölf

13

13
dörteihn

14

14
veerteihn

15

15
föffteihn

16

16
sössteihn

17

17
söventeihn

18

18
achtteihn

19

19
negenteihn

20

20
twintig

100

100
hunnert

1.000

1000
dusend

1.000.000

100万
million

英語
....
dat Engelsch

アメリカ英語
....
dat Amerikaansch Engelsch

中国標準語
....
dat Chineesch Mandarin

ヒンディー語
....
dat Hindi

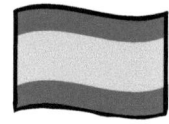

スペイン語
....
dat Spaansch

フランス語
....
dat Franzöösch

アラビア語
....
dat Araabsch

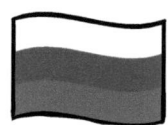

ロシア語
....
dat Rusch

ポルトガル語
....
dat Portugiesch

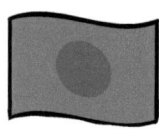

ベンガル語
....
dat Bengaalsch

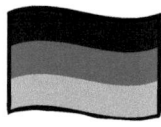

ドイツ語
....
dat Düütsch

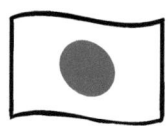

日本語
....
dat Japaansch

私
ik

あなた
du

彼 / 彼女 / それ
he / se / dat

私たち
wi

あなたたち
ji

彼ら
se

誰？
keen?

何？
wat?

どうやって？
woans?

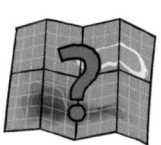

どこ？
woneem?

いつ？
wannehr?

名前
de Naam

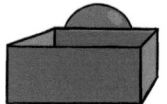

後ろ

achter

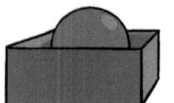

中

in

前

vör

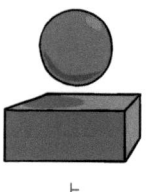

上

över

上

op

下

ünner

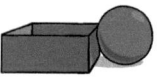

横

blangen

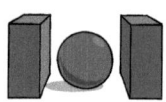

間

twüschen

場所

de Oort